LOS INMIGRANTES

escrito por
LINDA THOMPSON

Rourke
Publishing LLC
Vero Beach, Florida 32964

© 2006 Rourke Publishing LLC

www.rourkepublishing.com

PHOTO CREDITS:
Courtesy Library of Congress Prints and Photographs Division: Title Page, pages 4, 6, 7, 8, 9, 10, 13, 14, 15, 16, 17, 18, 20, 21, 22, 23, 24, 25, 28, 29, 30, 31, 32, 33, 34, 35, 36, 39, 41, 42, 43; Courtesy National Oceanic and Atmospheric Administration: pages 26, 27; Courtesy Rohm Padilla: page 5; Courtesy U.S. Department of Agriculture: page 37.

SPECIAL NOTE: Further information about people's names shown in the text in bold can be found on page 47. More information about glossary terms in bold can be found on pages 46 and 47.

DESIGN: ROHM PADILLA
LAYOUT/PRODUCTION: LUCY PADILLA

Library of Congress Cataloging-in-Publication Data

Thompson, Linda, 1941-
  [Immigrants. Spanish]
  Los inmigrantes / Linda Thompson.
      p. cm. -- (La expansión de América)
  Includes bibliographical references and index.
  ISBN 1-59515-659-3 (hardcover)
  ISBN 1-59515-703-4 (paperback)
  1. Immigrants--United States--History--19th century--Juvenile literature.
2. United States--Emigration and immigration--History--19th
century--Juvenile literature. 3. Europe--Emigration and
immigration--History--19th century--Juvenile literature. I. Title.

JV6451.T47518 2006
973'.086'912--dc22

2005022709

TITLE PAGE IMAGE
Detail from a poster showing immigrants arriving in New York harbor

Printed in the U.S.A.

CONTENIDO

Todo el mundo en Estados Unidos es inmigrante o descendiente de inmigrantes. Esto es cierto también de los "nativos" americanos cuyos antepasados cruzaron hace más de 100 siglos por un puente terrestre que existía entre Asia y el estado de Alaska actual. **Peregrinos** de Inglaterra, **conquistadores** de España, **misioneros** de Francia, **colonos** holandeses y los esclavos que les trajeron de África – todos vinieron a América del extranjero.

Nativo esquimal de la isla Kings Island, Alaska

4

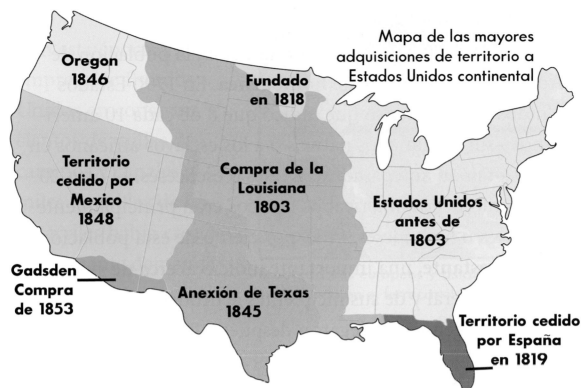

Oregon 1846

Fundado en 1818

Mapa de las mayores adquisiciones de territorio a Estados Unidos continental

Territorio cedido por Mexico 1848

Compra de la Louisiana 1803

Estados Unidos antes de 1803

Gadsden Compra de 1853

Anexión de Texas 1845

Territorio cedido por España en 1819

Entre 1776 y 1853, Estados Unidos se creció de un grupo de 13 pequeñas colonias a 48 estados que abarcan el continente entero. A medida que se extendió, millones de gente vinieron a este inmenso país de todas partes del mundo. Gentes de todas razas y religiones vinieron, y con sí trajeron cientos de idiomas junto con su mano de obra y sus destrezas para ayudar en el desarrollo de una civilización. Construyeron ferrocarriles, canales, puentes, alcantarillas, puertos y metros. Fueron **granjeros arrendatarios**, produciendo el alimento para una creciente nación, y muchos de ellos se hicieron de sus propias granjas. Trabajaron en fábricas cosiendo ropa y haciendo maquinaria. Los niños que nacieron en Estados Unidos fueron ciudadanos al nacer, pero sus padres inmigrantes tuvieron que aprender inglés y estudiar mucho para hacerse ciudadanos. Y miles de inmigrantes lucharon orgullosamente en las guerras en defensa de su patria adoptiva.

Dibujo de una escena en la bodega de un barco de inmigrantes

Debido en parte a la introducción de los barcos de vapor, la nacionalidad de los inmigrantes cambió radicalmente entre 1880 y 1890. El uso de barcos de vapor resultó en viajes de sólo 10 días entre Europa y las Américas, en lugar de 30 a 90 días por los de vela. Ahora se podían usar barcos exclusivamente para transportar pasajeros, y el bajo costo del pasaje estaba al alcance de los campesinos de las regiones más pobres. Al final del siglo y al principio del siguiente, la mayoría de los inmigrantes venían de Italia, Rusia, España, Polonia, Austria-Hungría y los países balcánicos como Grecia, Rumania y Yugoslavia. En 1882, el 87 por ciento de los inmigrantes a Estados Unidos venían del norte y del oeste de Europa. Sólo 25 años después, en 1907, el 81 por ciento venían del este y del sur de Europa.

LAS HORRIBLES CONDICIONES ABORDO

Los primeros inmigrantes tenían que traer su propia comida, y algunos estaban para morir de hambre o habían fallecido cuando el barco llegaba a América. Cada persona dormía en una litera de unos tres pies [.9 m] de ancho por seis pies [1.83 m] de largo, una encima de la otra, con sólo dos pies [.61] entre ellas. Mala ventilación y el beber agua contaminada causaron enfermedades, y muchos pasajeros murieron. En 1847, como 40,000, el 20 por ciento de los que venían, murieron durante el viaje.

Cuando se usaban barcos de vela, sólo las naciones del norte y del oeste de Europa tenían relaciones de comercio en gran escala con Estados Unidos. Estos barcos llevaban a Europa productos agrícolas que ocupaban mucho espacio en el compartimiento de carga, o **bodega**. Regresaban con cargas más pequeñas de productos manufacturados, así que había espacio para pasajeros en la bodega, y por lo regular allí viajaban los inmigrantes.

Emigrantes saliendo de Noruega

La década de mayor inmigración fue de 1900 a 1910.
Durante este período llegaron más de seis millones de italianos, ruso, judíos, húngaros y gente del este y del sur de
Europa, más del 70 por ciento de todos los inmigrantes.
Los americanos desconfiaron de estos recién llegados
porque no compartían el color de su piel, sus costumbres y
su religión. Ciudadanos empezaron a insistir a sus represen-
tantes que el gobierno limitara la inmigración. Pero los
extranjeros siguieron llegando en crecientes oleadas sucesi-
vas hasta 1924, cuando se aprobó una ley estricta que efecti-
vamente detuvo la inmigración procedente de Europa
meridional y oriental.

En la década de 1780, un inmigrante francés, **J. Hector St. Jean de Crevecoeur** propuso que Estados Unidos debía convertirse en un "crisol de culturas" (melting pot). Afirmó que, "individuos de todas las naciones se mezclan y resulta una nueva raza de hombre", que sería "una combinación de ingles, escocés, irlandés, francés, holandés, alemán y sueco". Este nuevo hombre se olvidaría de todos los prejuicios y tradiciones, y sería abierto a nuevos modos de pensar y de comportarse hacia los demás.

En 1908, un dramaturgo inglés, **Israel Zangwill**, amplió las ideas de Crevecoeur a incluir la nueva oleada de inmigrantes también: "celtos y latinos, eslavos y teutones, griegos y sirios, negros y amarillos – judío y gentil…" Se habló del drama de Zangwill, The Melting Pot, por todo el país.

Propuso la posibilidad de la armonía entre los distintos pueblos que llegaban a Estados Unidos. Crearían no solamente una "nueva raza" (por **matrimonios** mixtos), pero también una nueva cultura al combinar varias costumbres.

Al principio del siglo vigésimo, semejante concepto realmente parecía posible.

Recién llegados divisan la Estatua de la Libertad en el puerto de Nueva York por primera vez.

Inmigrantes en camino al oeste en una carreta Conestoga, tirada por caballos.

Más de 25 millones de americanos son descendientes de inmigrantes alemanes. Aunque la nación de Alemania no se formó hasta 1871, gentes de estados **germánicos** vinieron al Nuevo Mundo en varias oleadas. Por lo regular la razón fue la inestabilidad política en sus tierras. Para 1745, sólo en Pennsylvania vivían casi 45,000 alemanes y sus descendientes. También solían establecerse en regiones fronterizas como el valle Mohawk de Nueva York, donde los atacaban los nativos americanos con frecuencia.

Estos inmigrantes establecieron "Germantowns" (pueblos alemanes) en Filadelfia y otras partes de Pennsylvania en el siglo decimoséptimo. Se llegaron a conocer como los "Pennsylvania Dutch" (holandeses de Pennsylvania) aunque no eran de Holanda. Se les quedó el nombre debido a la pronunciación incorrecta de Deutsche, que es la palabra alemana para "Alemán."

Los colonos alemanes se hicieron famosos por sus artesanías como la fabricación de vidrio, papel, herramientas y cerveza y sus empresas editoriales. Crearon la carreta Conestoga, que desempeñó el papel clave en la colonización del Oeste. Los alemanes solían inmigrar en grupos, estableciendo comunidades como Frankfort, Kentucky y Fredericksburg, Texas. A la diferencia de muchos otros grupos, mantuvieron su cultura y su idioma en estas comunidades, y se sintieron menos presionados a adoptar las costumbres y el idioma Inglés.

Los escandinavos se encaminaron hacia el oeste a Minnesota, Illinois, Nebraska, Iowa, Dakota del Norte y Dakota del Sur. Muchas familias se mudaron en una segunda fase al Noroeste Pacífico. Por la mayor parte eran granjeros, y buscaron empleo en granjas y en minas de comunidades rurales.

Escandinavos en la cubierta de un barco de vapor con rumbo a Estados Unidos

15

Los irlandeses empezaron a llegar en la década de 1820. Como la mayoría de los inmigrantes a América, eran campesinos. Aunque eran libres en Gran Bretaña, en

muchas maneras vivían como esclavos. Los terratenientes británicos les habían quitado la mayor parte de sus terrenos, y luego permitían que algunos irlandeses los Bretaña no tenían esperanzas de seguir adelante.

Campesino irlandés (a la izquierda).
Mujeres irlandesas afuera de una casita de piedra en Irlanda (más arriba).
Emigrantes listos para zarpar de Queenstown, Irlanda con rumbo a Nueva York (a la derecha).

A partir de la década de 1830, una serie de pérdidas de cosecha causó sufrimiento extremo en Irlanda. Entre 1845 y 1855 un **hongo** destruyó las cosechas de papa –el principal alimento de los irlandeses. El hambre y las enfermedades relacionadas ocasionaron la muerte de más de un millón de personas. A demás, desalojaron a más de medio millón de gente de sus casas por la bancarrota. En esta época, zarparon más de millón y medio de irlandeses a Estados Unidos.

La gran mayoría se estableció en el noroeste de Estados Unidos. Mientras los hombres trabajaban en la construcción, las mujeres con frecuencia trabajaban como sirvientas. Casi todos los irlandeses habitaban en las ciudades y las ciudades americanas crecieron dramáticamente durante esta etapa. El aumento en población no fue debido sólo a los inmigrantes. También incrementaron las tasas de natalidad y de super-vivencia. En 1900, seis ciudades de Estados Unidos — Nueva York, Chicago, Filadelfia, St. Louis, Boston y Baltimore – tenían más de medio millón de residentes.

Judíos ortodoxos, Ciudad de Nueva York

Entre los inmigrantes alemanes del siglo decimonoveno había muchos judíos. Gente de la fe **hebrea** también llegó de Rusia, Polonia y otras naciones del este de Europa. Vinieron para eludir la persecución religiosa y salir adelante. Los judíos habían vivido fuera de lo que ellos consideraban sus tierras, **Palestino**, por siglos. Después de la Segunda Guerra Mundial, las Naciones Unidas crearon Israel para que los judíos pudieran regresar a sus tierras. Durante los siglos anteriores, familias judías habían vivido en todas partes del mundo.

Caricatura de un anciano, rotulado "judío ruso," con un bulto grande en la espalda. Theodore Roosevelt habla con el emperador de Rusia, Nicolás II, a la izquierda.

18

Cuando empezó la Revolución Americana, habían llegado unos 2,000 judíos a las colonias. Eran principalmente judíos **sefarditas** que habían huído de España a los finales del siglo decimoquinto, y se habían establecido en Portugal, Holanda e Inglaterra. A los cuantos años empezaron a llegar judíos alemanes.

Una oleada inmensa de judíos del este de Europa empezó a llegar en la década de 1880. Rusia se había apoderado de áreas judías desde un siglo antes y había controlado drásticamente la vida y las prácticas religiosas de los judíos. Habían sufrido malos tratos y hasta matanzas. Entre 1880 y 1920, dos millones de personas salieron para Estados Unidos huyendo esta persecución.

Porque estos inmigrantes eran menos educados y de menores ingresos que los de la primera oleada de judíos, los americanos los despreciaron. Estos sentimientos de **anti-semitismo** llegaron a ser dirigidos a los judíos alemanes y sefarditas también. Al llegar inmigrantes nuevos a Nueva York y a otras ciudades, los primeros grupos se mudaron a mejores barrios. Las áreas más pobres, como el "Lower East Side" (lado bajo del este) de la Ciudad de Nueva York, se llenaron de gente – más de 700 personas por acre en el caso de la Ciudad de Nueva York. Estos barrios se convirtieron en **barrios bajos**.

A diferencia de los irlandeses y los italianos, los judíos no fueron sirvientes. Llegaron justo cuando la industria de ropa de confección se estaba desarrollando. Este desarrollo permitió que todo el mundo pudiera vestir ropa nueva – y no de segunda mano – a precios económicos. Había 241 fábricas de ropa en la Ciudad de Nueva York en 1885. Dueños judíos alemanes contrataban a judíos del este de Europa en la costura y venta de ropa.

Por su afición a la educación, los judíos avanzaron rápidamente en las profesiones y campos como la industria manufacturera, la banca, las artes y el entretenimiento. A pesar de los muchos obstáculos que enfrentaron, millones de judíos lograron el sueño dorado de llegar "de la pobreza a la fortuna" que todo inmigrante anhelaba al llegar a América. De todos los grupos inmigrantes, los judíos fueron los menos propensos a regresar a sus tierras.

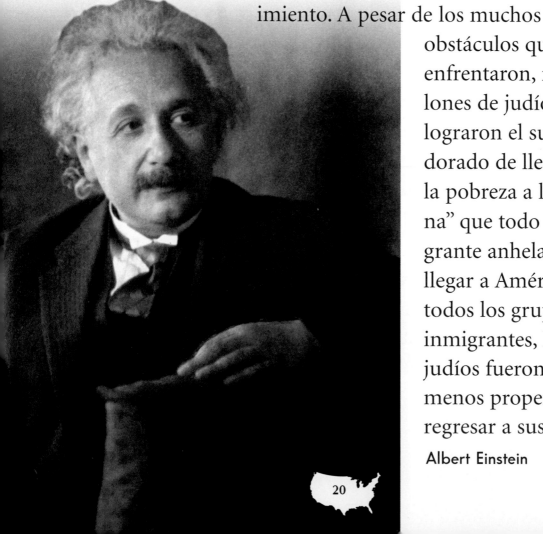

Albert Einstein

ALGUNOS INMIGRANTES FAMOSOS

Millones de inmigrantes hicieron contribuciones valiosas en todas las esferas. Unos ejemplos: Albert Einstein (judío alemán), Científico del Premio Nobel, llegó en 1933; Irving Berlín (ruso), compositor de Broadway, llegó en 1893; Frank Capra (italiano), premiado director de cine, llegó en 1903; Felix Frankfurter (austríaco), juez de la Corte Suprema, llegó en 1894; Knute Rockne (noruego), entrenador de fútbol americano, llegó en 1893; Maureen O'Hara (irlandesa), premiada actriz, llegó en 1939.

Irving Berlin

Otra gran oleada de inmigrantes llegó a finales del siglo decimonoveno, esta vez desde Italia. Sólo unos 26,000 italianos habían venido a Estados Unidos antes de 1870, y casi todos eran italianos norteños. Muchos eran comerciantes de fruta en los estados del este o ayudaron a establecer la industria del vino en California. Pero durante la década de 1880, italianos sureños empezaron a llegar en gran número. Para 1900, más de 100,000 italianos del sur de Italia habían pasado por el centro de acogida de inmigrantes en **la Isla Ellis** de Nueva York.

Italia actual es la unión, formada en 1861, de varías regiones divididas por montañas o por el mar. Las más pobres y menos fértiles regiones están en el sur de la nación. La gente del sur iba a la zaga de otros italianos en educación, y la mayoría no sabía leer ni escribir. Llegaron aquí con el anhelo de ganar dinero y regresar a Italia. Casi nueve de cada diez eran hombres. Los que se quedaron por lo regular se casaban con alguien de su misma región de Italia.

Inmigrantes italianos haciendo compras en un mercado al aire libre

Trabajadores inmigrantes en camino a las minas de carbón llegan a Nueva York.

En Estados Unidos encontraron empleo en la recogida de basura, el comercio de trapos, la pesca, la construcción y como boleros de zapatos. Fueron albañiles, marineros, peluqueros, sastres o zapateros. Las mujeres solían ser amas de casa.

Al llegar a Estados Unidos, muchos inmigrantes firmaban contratos para trabajar en minas o en fábricas. Inmigrantes italianos con frecuencia estaban obligados a *padroni* (agentes autoproclamados) que se ganaban la vida trayendo trabajadores italianos a Estados Unidos. Los inmigrantes debían reembolsar los adelantos de salario y préstamos, más interés, con sus sueldos.

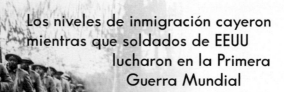

Los niveles de inmigración cayeron mientras que soldados de EEUU lucharon en la Primera Guerra Mundial

La inmigración a Estados Unidos se redujó durante la Guerra Civil (1861-1865). Aumentó y luego, a mitad de la década de 1890, cayó en picada por una crisis económica en Estados Unidos. Entre 1900 y 1914, llegaron casi un millón de extranjeros por año. La inmigración se suspendió casi por completo durante la Primera Guerra Mundial, y luego remontó de nuevo después de 1918. Pero resultó más difícil la inmigración debido a nuevas restricciones.

LEYES DE INMIGRACION

Estados Unidos tenía una política de "puerta abierta," pero poco a poco se fue haciendo más restrictiva. Leyes federales promulgadas en 1882 excluyeron a personas que podían llegar a ser cargas para el gobierno. Éstas incluían los discapacitados, los enfermos mentales, los convictos o los considerados incapaces de mantenerse. El Congreso estableció límites a la inmigración en 1921 y 1924, e introdujo el concepto de cuotas. La ley de 1924 dio el 82 por ciento de las oportunidades de entrada a inmigrantes del norte y del oeste de Europa, y únicamente el 16 por ciento a los del sur y del oeste de Europa. Estas cuotas permanecieron en vigor hasta 1965.

Capítulo IV: LA ISLA ELLIS

Como la ciudad portuaria más grande desde la década de 1820, Nueva York recibió a la mayoría de los inmigrantes. Después de 1892, prácticamente todo europeo pasó por la Isla Ellis, el primer

Castle Garden en la Ciudad de Nueva York

centro federal de acogida de inmigrantes. Anteriormente, la mayoría de los inmigrantes del este había pasado por **Castle Garden** (El Jardín del Castillo) en la punta sureña de Manhattan. Construido como un fuerte, Castle Garden fue un parque de diversiones, un auditorio de conciertos y en 1885, el centro de acogida de inmigrantes de Nueva York. Nueve millones de inmigrantes pasaron por Castle Garden a través de los siguientes 39 años.

Inmigrantes llegando a la Isla Ellis

Estafadores con frecuencia se aprobechaban de los inmigrantes. Les cobraban demasiado por habitaciones en hoteles y boletos de ferrocarril y en casas de cambio. El propósito de Castle Garden era evitar estos abusos. Pero, al salir los inmigrantes del centro, estaban docenas de estafadores a la espera. Los periódicos empezaron a investigar los reportes de esta explotación. Así que el gobierno federal se decidió a tomar el control de la inmigración en 1890 y construyó un centro de inmigrantes en la Isla Ellis en la Bahía de Nueva York.

La Isla Ellis había sido un sitio para el almacenaje de pólvora. Las construcciones de depósito se convirtieron en **dormitorios**, la isla se agrandó y se **dragaron** las áreas de agua poco profunda para que pudieran entrar los barcos grandes. Se agregaron sala de acogida, hospital, lavandería y planta de utilidades y la Isla Ellis se abrió el día de Año Nuevo de 1892.

La Isla Ellis

LA BIENVENIDA DE LA ESTATUA DE LA LIBERTAD

Poema escrito en el pedestal de la Estatua de la Libertad:

"No como el descarado gigante de fama griega,

Con sus conquistadoras piernas a horcajadas de tierra
 a tierra;

Aquí en nuestros portales bañados por el mar y testigos
 a la puesta del sol estará de pie

Una potente mujer con una antorcha, cuya llama

Es el relámpago aprisionado, y su nombre

Madre de los Desterrados. En su mano farol

Brilla la bienvenida al mundo entero; sus ojos tiernos
 cuentan con la vista

Del puerto tendido por el aire que mellizas ciudades
 enmarcan,

"¡Guarden, o antiguas tierras, su legendaria
 pompa!" proclama

Con labios mudos, "¡Denme sus rendidos,
 sus pobres,

Sus apiñadas masas, deseosas de
 respirar en libertad,

El **miserable desperdicio** de su
 aglomerada costa,

Léguenme éstos, los sin casa ni hogar,
 los maltratados por la tempestad.

Alzo mi lámpara al lado de la puerta
 dorada!"

*"El Coloso Nuevo"
Por Emma Lazarus (1883),
hija de inmigrantes
judíos españoles.*

La Estatua de la Libertad

27

De los cientos de inmigrantes esperando a bordo de tres grandes barcos en la bahía, una joven de 15 años llamada Annie Moore fue escogida la primera inmigrante que pasara por el nuevo centro. Al ser registrada, recibió una moneda de oro de diez dólares – más dinero del que había visto junto en su vida entera. Ese año pasaron por la Isla Ellis 445,897 inmigrantes. Entraban en fila a un gran salón, y avanzaban poco a poco por un laberinto de pasillos hasta que llegaban al escritorio de registro. Si no pasaban alguna inspección, los apiñaban en encerraderos de alambre.

Mientras estuvo en uso, más de 12 millones de inmigrantes pasaron por la Isla Ellis. En 1907, llegaron más de un millón. Estas inmensas oleadas de inmigrantes resultaron en una reacción negativa llamada "**backlash**" en inglés en las ciudades estadounidenses. Mucha gente resintió que los inmigrantes estaban dispuestos a trabajar por menos sueldo. Algunos creían que estos recién llegados podrían abrazar ideas radicales como el socialismo, o causar disturbios laborales. Se presionó al gobierno a que limitara la inmigración.

Familia inmigrante en la Isla Ellis

En 1921 se ratificó la primera de varias leyes de **cuota**. El gobierno empezó a requerir que las empresas de barcos de vapor **calificaran** a los inmigrantes a bordo de sus barcos. Los dueños de barcos debían reunir información, incluyendo el nombre, edad, género, estado civil, oficio, nacionalidad, última residencia, y destino de cada persona y si sabía leer y escribir. También habían preguntas tocante a la salud, finanzas y si había estado la persona en la cárcel o **asilo de pobres**.

Theodore Roosevelt

Sin embargo, aumentó la corrupción, y en 1901, se armó en escándalo. Inspectores de inmigración habían estado vendiendo papeles de ciudadanía, permitiendo que inmigrantes evitaran pasar por las líneas. El presidente **Theodore Roosevelt** hizo una visita inesperada a la isla en septiembre de 1903. Se dio cuenta de que una mujer y cuatro niños habían estado en un encerradero por cuatro meses, y ordenó que los liberaran inmediatamente.

Inmigrantes detenidos en la Isla Ellis

Aunque había intérpretes, la prisa de procesar a miles de personas por día con frecuencia dejaba poco tiempo para interpretar.

Funcionarios que no entendían o no podían pronunciar los nombres de los inmigrantes apuntaban lo que se les ocurría. A veces, porque eran tantos, se pasaban días antes de que los pasajeros de tercera clase pudieran desembarcar. Un inmigrante holandés escribió, "Nos trajeron de aquí para allá, nos trataron y nos maltrataron, nos patearon y nos desgarraron de manera que ningún granjero permitiría que se le tratara a su ganado."

Inmigrantes pasaron por la Isla Ellis hasta 1954 cuando se cerró debido a la disminución de números. Durante la Segunda Guerra Mundial, se convirtió en un centro de detención para extranjeros de la misma nacionalidad de los enemigos de EEUU – alemanes, japoneses, italianos, húngaros, búlgaros y rumanos. Las construcciones se deterioraron hasta 1965, cuando la Isla Ellis se incorporó al Monumento Nacional de la Estatua de la Libertad.

EL RECONOCIMIENTO GENERAL

Antes de 1911, los inmigrantes debían subir unas escaleras muy largas, médicos los observaban par determinar si había señales de cojear u otros problemas. Si se sospechaba enfermedad o deformidad, los médicos lo anotaban. Fueron señalados para más revisión 15 a 20 por ciento de los inmigrantes. Un examen humillante fue el de **trachoma**, una enfermedad que resulta en la ceguera. Los médicos levantaban los párpados de los inmigrantes con un **abotonador** o con los dedos. A cualquier persona, hasta un niño, que tuviera síntomas de trachoma, la rechazaban y la regresaban a su patria mientras que al resto de la familia le permitían la entrada al país.

Tiempo de inspección en la Isla Ellis

Inmigrantes chinos en la aduana de San Francisco

Durante el siglo decimonoveno, inmigrantes también empezaron a llegar al Nuevo Mundo desde Asia. En 1880, había 75,000 inmigrantes chinos – casi todos hombres – en California. Vinieron a trabajar en las minas de oro y, en la década de 1860, a construir el ferrocarril transcontinental. Fueron campesinos, sirvientes domésticos en las ciudades y cocineros y trabajadores en lavanderías en los campos mineros. Muchos de ellos también trabajaron en restaurantes y tiendas de abarrotes. Aproximadamente la mitad regresó a China.

Los chinos recibieron muy malos tratos a manos de los americanos. Los obreros de otras razas se alarmaron ante esta gran fuente de mano de obra barata. Los blancos atacaban a los chinos con frecuencia y les quemaban sus casas, matando a los habitantes. La Ley de la Exclusión China se aprobó en 1882 para acabar con la inmigración de chinos. Otras leyes prohibieron la ciudadanía de persona chinas en Estados Unidos.

Al principio de la década de 1890, los cultivadores de la caña de azúcar y otras cosechas empezaron a traer un aluvión de miles de obreros japoneses a Hawai. Después de que Hawai se **anexó** a Estados Unidos en 1898, se les permitió a los obreros japoneses migrar a Estado Unidos. Llegaron más de 100,000 entre 1900 y 1910. Como los chinos, tenían intenciones de regresar a Japón, y miles lo hicieron. Los que se quedaron ahorraron sus centavos y, compraron pequeñas granjas.

ANGEL ISLAND

Entre 1910 y 1940, la mayoría de los inmigrantes que llegaban a la costa occidental iban a Angel Island en la Bahía de San Francisco. Éstos incluían los de Australia y Nueva Zelanda, Canadá, México, América Central y Suramérica, Rusia, y en particular, Asia.

La isla Angel Island en la Bahía de San Francisco

Los americanos basaron sus actitudes hacia los japoneses en los prejuicios que tenían en contra de los chinos y, con frecuencia, se referían a los dos grupos como "el peligro amarillo." El presidente Theodore Roosevelt hizo un arreglo con Japón, el "Acuerdo entre Caballeros" en 1908, le dio a Japón la responsabilidad de prohibirle la entrada a Estados Unidos a su gente. Aún podían entrar por México o Hawai, pero el **prejuicio** en las ciudades estadounidenses les hizo la vida muy pesada.

California aprobó la Alien Land Law, una ley que prohibió la propiedad de la tierra a los chinos y japoneses porque no podían ser ciudadanos. Los nacidos en Estados Unidos podían poseer propiedad, aunque otra ley en 1920 intentó prevenir que los japoneses americanos fueran terratenientes. Con el tiempo, se declaró no acertada debido a las protecciones de la Constitución.

Niños japoneses americanos
saludando la bandera

LA NOVIA EN LA FOTO

El "Acuerdo entre Caballeros" con Japón permitió que los hombres japoneses en Estados Unidos mandaran por sus esposas y los hijos por sus padres. En 1900, había 24 hombres japoneses por cada mujer japonesa, pero después de 1910, la proporción se rebajó a 7 por 1. Algunos hombres se casaron con novias que escogieron sus padres. Le mandaban su fotografía, y si aceptaba a "la novia en la foto," se casaban por **poder** en Japón, y luego ella podía venir a Estados Unidos.

Otros asiáticos también comenzaron a inmigrar en la década de 1890. Como los japoneses, los filipinos entraron a Estados Unidos por Hawai. Las Filipinas eran un territorio no incorporado de Estados Unidos, y en 1935 el Congreso decidió que les permitiría independizarse dentro de diez años. Anteriormente,

Grupo de trabajadores filipinos pizcando y cargando lechuga en Imperial Valley, California

más de 55,000 filipinos habían entrado a Estados Unidos, pero ahora se habían cerrado las puertas. Se les permitía le entrada sólo a 50 por año.

Debido a la discriminación contra la gente de piel oscura, los filipinos podían encontrar empleo solamente en la agricultura a sueldos muy bajos. La mayoría de estos inmigrantes eran hombres sin familia. Como extranjeros, eran inelegibles para subsidio cuando no había trabajo. Se establecieron en áreas de Los Ángeles y Stockton, muy aislados, y sin vida familiar. Después de que se abrogó la ley prohibiendo los matrimonios interraciales en 1948, se empezaron a casar y criar familias.

La inmigración desde el sur también aumentó a fines del siglo decimonoveno. El ferrocarril había llegado a Nuevo México en 1879 y a Arizona en 1880, trayendo oportunidades de empleo. Inmigrantes mexicanos empezaron a cruzar la frontera, legalmente y también sin permiso, para trabajar en los ranchos y las granjas, en las minas y en la construcción ferrocarrilera.

Inmigrante mexicano de Nuevo Laredo, México

Trabajador mexicano en una granja de Texas

La inmigración mexicana aumentó aún más rápidamente a principios del siglo vigésimo. Llegaron casi 50,000 personas de 1900 a 1910 y como 219,000 durante los siguientes 10 años. Cuando se promulgó el Acta de Inmigración de 1924 que limitó la inmigración asiática, se abrieron nuevas oportunidades para los mexicanos.

Debido a una crisis económica en Cuba en la década de 1880, miles de cubanos vinieron a Estados Unidos. Algunos se fueron a Nueva York, pero la mayoría se estableció en Florida. Los puros cubanos eran muy populares, y en 1886 cubanos establecieron la primera fábrica de puros en Florida. Dentro de 10 años se encontraban más de 100 fábricas de puros en los alrededores.

Capítulo VI: COMO CAMBIARON A ESTADOS UNIDOS LOS INMIGRANTES

A pesar de que Estados Unidos tienen la reputación de ser un "crisol de culturas" y "una nación de inmigrantes", los ciudadanos estadounidenses generalmente han sido hostiles hacia la inmigración. No se han desaparecido los varios grupos de gente en un crisol de culturas. Sin embargo, como resultado de la inmigración, los recién llegados, junto con los americanos actuales, y la nación en sí misma han sido transformados.

A medida que se desarrollaron fábricas para elaborar productos manufacturados en masa, surgió una tremenda demanda de obreros. Estos trabajos alentaron a millones de personas a que abandonaran sus granjas y que se mudaran a las ciudades. En 1790 el 97 por ciento de americanos vivían en poblados de menos de 8,000 personas. Pero tan sólo a los 10 años, casi la tercer parte de la nación vivía en ciudades de más de 8,000, y a través de Estados Unidos había más de 400 de éstas.

La ciudades modernas se desarrollaron con rapidez a medida que surgieron avances tecnológicos como la luz eléctrica, el transporte público (tranvías, trenes suspendidos y metros), el alumbrado público y el teléfono. **Louis Sullivan**, un arquitecto de Chicago, estuvo al frente de la construcción de edificios rascacielos, cuyas paredes se colocaban en armazones de acero. De repente edificios podían alcanzar alturas de 100 pisos en lugar del límite de 15 pisos de los de los edificios de piedra o ladrillo. Fue cuando se inventó el ascensor – para llegar hasta arriba.

Aunque el atravesar las nuevas ciudades habrá sido asomarse a un muestrario de rascacielos y brillantes luces, había en ellas bolsas de pobreza extrema y de enfermedad. Inmigrantes judíos e italianos vivían en **guetos** aglomerados en el

La construcción de los rascacielos fue trabajo peligroso para los inmigrantes.

"Lower East Side" de la Ciudad de Nueva York. Más de 30,000 personas vivían amontonadas en media docena de cuadras, una densidad de ¡986 personas por acre (2,435 por hectárea)!

TRADICIONES DE RAICES EXTRANJERAS

Algunas tradiciones que consideramos americanas tienen su origen en el extranjero:

Jazz y los blues –Inventados por africanos

Hamburguesas y salchichas – de Alemania

Pizza y espagueti – de Italia

Bagel — de la tradición judía

Tacos y enchiladas – de México

Chop suey y chow mein –Inventados por inmigrantes chinos para gustos americanos

Casi todos los inmigrantes estaban desesperados por encontrar empleo, y su disposición a trabajar por sueldos muy bajos fomento la reacción negativa, "backlash", en su contra. Cuando la nación sufrió una crisis económica entre 1837 y 1840, el sueldo del obrero común bajó de un dólar por día a 75 centavos o menos. Los trabajadores nacidos en Estados Unidos resintieron la **afluencia** de inmigrantes que estaban dispuestos a trabajar hasta por menos.

La idea de usar a los inmigrantes pobres de **rompehuelgas** era tentadora. Primero vinieron los irlandeses, y no les permitieron unirse a los sindicatos. Al llegar los italianos, ellos fueron los rompehuelgas, y los irlandeses se unieron a los sindicatos. Durante la década de 1830, se vieron más huelgas y hasta disturbios en las ciudades porque los trabajadores insistían en mejores sueldos y condiciones de trabajo.

En las escuelas, las maestras de los niños irlandeses eran anglo protestantes. A los cincuenta años, irlandesas católicas estaban enseñando a los niños inmigrantes judíos. En la generación después, maestras judías enseñaron a niños afro-americanos en Harlem, Nueva York. Pero los niños de los inmigrantes con frecuencia trabajaban, y no tenían tiempo para la escuela. In 1880, trabajaban 1,118,000 niños menores de 16 años en las fábricas o en los campos. Otros trabajaban como repartidores o costureras.

Antes de la Primera Guerra Mundial, el gobierno intentó americanizar a los inmigrantes. Un juez de la Corte Suprema, **Louis Brandeis**, dijo en 1919 que el inmigrante debía adoptar "la ropa, los modales y las costumbres generalmente predominantes aquí...sustituir por su lengua nativa el idioma inglés", y debía llegar "a completa armonía con nuestros ideales y aspiraciones, y cooperar con nosotros por su logro". Escuelas, hombres de negocio y líderes políticos trabajaron juntos para que se hiciera realidad. Grupos cívicos como el YMCA organizaron clases para enseñarles inglés a los inmigrantes.

Jane Addams

ÁNGELES DE LOS BARRIOS BAJOS

Dos mujeres establecieron centros de servicios para los inmigrantes en los barrios bajos – **Jane Addams** fundó Hull House en Chicago en 1889, y **Lillian Wald** abrió el Henry Street Settlement en Nueva York en 1895. Allí, a cualquier viuda cuyo marido había muerto en un accidente laboral se le explicaban sus derechos en contra del patrón. Se le proporcionaba guardería para que pudiera trabajar. Se ofrecían clases de cocina, costura, inglés y de ciudadanía.

Más de 30 estados organizaron programas de american-
ización. Las escuelas públicas y las iglesias emprendieron
programas para la enseñanza de los valores anglo-protes-
tantes. El gobierno estableció el Bureau of Naturalization
(buró de naturalización) en el Departamento de Trabajo y
el Bureau of Education (buró de educación) en el
Departamento de Interior. Una meta fue convencer a los
inmigrantes a que abandonaran sus lenguas y tradiciones
nativas. Empresas como Ford Motor Company, U.S. Steel y
International Harvester ofrecieron cursos de inglés en
sus fábricas.

La mayoría de los americanos de hoy son descendientes de
inmigrantes que llegaron a Estados Unidos después de 1790.
Aún llegan como 900,000 inmigrantes a Estados Unidos cada
año, aunque varias organizaciones continúan a cabildear por
restringir extranjeros. Otros 300,000 entran el país ilegal-
mente. Su mayor razón no ha cambiado – el sueño dorado
de la libertad y salir adelante.

Inmigrantes en clases nocturnas en Boston, Massachusetts

El crisol de culturas, antes un imagen popular de cómo se esperaba que los inmigrantes se "mezclaran" con la sociedad, resultó falsa. Aunque los matrimonios mixtos son más comunes que en el siglo decimonoveno, la gente de ahora tiende a "celebrar las diferencias" y considerar la diversidad de culturas como señal de una civilización saludable. A través de más de tres siglos, inmigrantes de todas partes del mundo han tomado su lugar en la sociedad estadounidense como ciudadanos prósperos y productivos. A pesar de los obstáculos que enfrentaron y la presión a conformar a un modelo universal, muchos de estos grupos también han logrado mantener su propios valores y su identidad **étnica**.

Este grupo de Boy Scouts en frente del Capitolio es representante de la diversidad cultural de Estados Unidos

THE UNITED NATIONS FIGHT FOR FREEDOM

Una Línea de Tiempo en la Historia
DE LOS INMIGRANTES

1619 Colonos holandeses traen a los primeros esclavos africanos a Norteamérica, y los ingleses traen a los primeros inmigrantes africanos libres a Virginia.

1790 El primer reglamento de naturalización da a los inmigrantes que quieran hacerse ciudadanos un período de residencia de dos años.

1815 Empieza la primera oleada de inmigración.

1819 Se empieza a recopilar datos sobre la inmigración a Estados Unidos.

Década de 1820 Inmigrantes irlandeses empiezan a llegar a Estados Unidos.

1864 Se ratifica la ley de contrato laboral.

1875 La primera ley que excluye inmigrantes prohíbe la entrada a Estados Unidos de convictos, prostitutas y trabajadores por contrato chinos.

Década de 1880 Judíos del este de Europa e italianos sureños empiezan a llegar en oleadas.

1882 Se ratifica ley que excluye a los chinos.

1891 Se establece la oficina de inmigración. Ahora es el United States Immigration and Naturalization Services.

1892 Se abre la Isla Ellis.

Década de 1900 Década de mayor inmigración.

1908 Se firma el "Acuerdo entre Caballeros" entre Estados Unidos y Japón.

1917 Se les prohíbe la entrada a Estados Unidos a casi todos los inmigrantes asiáticos.

1921	La ley de cuota establece un límite anual de 358,000 y especifica cuotas según las nacionalidades. Sólo el tres pro ciento de cualquier nacionalidad en Estados Unidos a partir de 1910 pude entrar cada año.
1924	La ley de origen disminuye la inmigración anual a 164,000 (después a 154,000). Se crea el U.S. Border Patrol (Patrulla de la Frontera Estados Unidos). Bajan las cuotas a dos por ciento de cada nacionalidad según el censo de 1890.
1927	La inmigración anual se disminuye más a 150,000, y las cuotas se cambian al dos por ciento de cada nacionalidad según el censo de 1920. Esta ley sigue en vigor hasta 1965.
1929	La ley de origen hace permanente el límite anual de 150,000.
1948	El acta de personas desplazadas permite que entren 400,000 personas desplazadas por la Segunda Guerra Mundial al comprobar que no son riesgo de seguridad y que esperan empleo y vivienda.
1952	La Ley de Inmigración y Naturalización combina las leyes de inmigración y naturalización anteriores.
1965	La Ley de Inmigración y Naturalización es enmendada, y elimina las cuotas por nacionalidad, y establece un límite anual de 170,000 personas del hemisferio oriental y 120,000 del occidental.
1978	Un nuevo límite de 290,000 reemplaza a los límites separados de los dos hemisferios.
1980	El límite anual se reduce a 270,000 y se aprueba un sistema para procesar refugiados por separado
1986	El acta de Control y Reforma de la Inmigración aumenta el límite anual a 540,000.
1990	El límite de inmigración anual se aumenta a 700,000. Después de 1994 se reduce a 675,000.

GLOSARIO

abotonador - Gancho para jalar botones pequeños por los ojales.

afluencia - Movimiento regular hacia adentro, como de personas.

anglo - Habitante de Estados Unidos de descendencia inglesa o europea norteña.

antisemitismo - Hostilidad hacia judíos como grupo religioso o étnico.

anexar - Agregar a algo más temprano, grande o importante; unir.

asilo de pobres - Establecimiento mantenido por el público para albergar a los pobres.

backlash - Fuerte reacción negativa hacia un acontecimiento político o social.

balcánicos - Países que ocupan la Península Balcánica en el suroeste de Europa.

barrio bajo - Aglomerada área urbana marcada por la pobreza y viviendas en decadencia.

bodega (de un barco) - La parte de un barco bajo cubierta donde se lleva, por lo regular, la carga.

calificaran - Cumplir con alcanzar un nivel requerido; certificar hábil o adecuado.

Castle Garden - El primer centro de acogida de inmigrantes de Nueva York., 1855-1892.

católicos - Perteneciente a la iglesia universal cristiana.

censo - Cuenta completa de la población.

colono - Persona que establece un asentamiento o puebla tierras o regiones nuevas.

conquistador - Dirigentes de las conquista española de las Américas.

crisis económica - Periodo de baja actividad económica y de alto desempleo.

cuota - Representa el porcentaje de un entero que le corresponde a cada parte.

desperdicio - Lo menos preciado: basura.

dormitorio - Cuarto o habitación para dormir.

dragar - Excavar y hacer más profundo (como una vía fluvial) con equipo sumergible.

estafador - Uno que defrauda dinero o propiedad a alguien.

étnico(a) - Perteneciente a un grupo minoritario en cuanto a sus puntos de vista sociales o costumbres o idioma particulares.

germánico(a) - Relacionado con un grupo de gentes de habla alemana como el alemán, inglés, holandés, flamenco y los idiomas escandinavos, etc.

granjero arrendatario - Un granjero que trabaja en tierra posesionada por otra persona ye le paga renta en forma de dinero o una cuota de la cosecha.

gueto - Antes, la zona de ciudad donde los judíos estaban obligados a vivir; ahora cualquier área de ciudad donde habita gente pobre y que, en la mayor parte, son de un grupo minoritario.

hebrea - Perteneciente a los judíos y al judaísmo, o el idioma de los israelitas.

homogéneo(a) - Igual en todas partes.

hongo - Cualquier organismo que produce esporas que incluyen los mohos y las royas, setas y levaduras.

Isla Ellis - Isla en la Bahía de Nueva York que fue el principal centro de inmigración de EEUU, 1892-1954, cuando fue abandonada.

judaísmo - Religión desarrollada por los hebreos antiguos, caracterizada por la creencia en un Dios trascendente que se reveló a los profetas hebreos.

matrimonio mixto - Matrimonio entre personas de distintos grupos.

miserable - Profundamente angustiado en el cuerpo or la mente.

misionero - Persona que emprende una misión, especialmente una misión religiosa.

peregrinos - Los que viaja a tierras lejanas.

poder Autoridad de actuar por, o en el lugar de, otro.

prejuicio - Daño que resulta al tomar decisiones o al actuar sin saber todos los datos y que afecta a los derechos.

protestante - Relacionado con varias confesiones de iglesias que negaron la autoridad del Papa, y se separaron de la iglesia católica en el siglo decimosexto.

rompehuelgas - Persona que se contratan para reemplazar a una que está en huelga.

sefarditas - Miembros de la rama occidental de judíos que se establecieron primero en España y Portugal, y después en los países balcánicos, Inglaterra y en otras partes.

sirviente atado por contrato - Persona que se compromete con otro a trabajarle por un cierto periodo de tiempo a cambio de los gastos de un viaje y cuarto y comida.

trachoma - Enfermedad bacteriana de las membranas mucosa del ojo, que puede resultar en la ceguera si no es tratada.

Las Personas Claves en la Historia de los INMIGRANTES

Addams, Jane (1860-1935) - Reformadora social co-fundadora de Hull House en 1889, un centro comunitario para los pobres de Chicago. Co-receptora del Premio Nobel de Paz en 1931.

Brandeis, Louis (1856-1941) - Abogado estadounidense nombrado a la Corte Suprema en 1916.

Crevecoeur, J. Hector St. John de (1735-1813) - Autor francés americano que escribió de la vida en el Nuevo Mundo; en 1782, publicó *Cartas de un Granjero Americano*.

Roosevelt, Theodore (1858-1919) - 26º presidente de Estados Unidos.

Sullivan, Louis (1856-1924) - Arquitecto estadounidense que estuvo al frente de la construcción de edificios rascacielos.

Wald, Lillian(1867-1940) - Enfermera que estableció Henry Street Settlement para inmigrantes pobres en el lado bajo del este en la ciudad de Nueva York.

Zangwill, Israel (1864-1926) - Autor inglés, considerado como fundador de la literatura judía britana moderna. Su drama, *El Crisol de Culturas*, fue el gran éxito de la temporada de teatro de Nueva York en 1908.

Louis Brandeis, Justicia de la Corte Suprema

ÍNDICE

Libros de Interés

Bierman, Carol, Laurie McGaw, and Barbara Hehner. *Journey to Ellis Island*, Hyperion, 1998.

Daniels, Roger. *American Immigration: A Student Companion (Oxford Student Companions to American History)*, Oxford University Press, 2001.

Hasler, Brian and Angela M. Gouge. *Casper and Catherine Move to America: An Immigrant Family's Adventures, 1849-1850*, Indiana Historical Society, 2003.

Hoobler, Thomas and Dorothy. *We Are Americans: Voices Of The Immigrant Experience*, Scholastic, 2003.

O'Hara, Megan. *Irish Immigrants, 1840-1920 (Blue Earth Books: Coming to America)*, Capstone Press, 2001.

Olson, Kay Melchisedech. *Chinese Immigrants, 1850-1900 (Blue Earth Books: Coming to America)*, Capstone Press, 2001.

Pferdehirt, Julia and Bobbie Malone. *They Came to Wisconsin (New Badger History)*, University of Wisconsin Press, 2002.

Sandler, Martin. *Island Of Hope: The Journey To America and The Ellis Island Experience*, Scholastic, 2004.

Sitios de la web

http://www.ihrc.umn.edu/
Immigration History Research Center

http://www.ellisisland.org/
The Statue of Liberty/Ellis Island Foundation

http://www.libsci.sc.edu/miller/EllisIsland.htm
Ellis Island history

http://www.aiisf.org/history
Angel Island Immigration Station history and other resources

Linda Thompson es nativa del estado de Montana y graduada de la Universidad de Washington. Fue maestra, escritora y editora en el área de la Bahía de San Francisco por 30 años. Ahora vive en Taos, New Mexico. Se puede comunicar con ella en su sitio de web,

http://www.highmesaproductions.com